¡Nuestra maravillosa Tierra!

PANTANOS

Tanner Billings
Traducido por Diana Osorio

Please visit our website, www.garethstevens.com.
For a free color catalog of all our high-quality books, call toll free 1-800-542-2595 or fax 1-877-542-2596.

Library of Congress Cataloging-in-Publication Data
Names: Billings, Tanner, author.
Title: Pantanos / Tanner Billings.
Description: New York : Gareth Stevens Publishing, 2023. | Series: ¡Nuestra maravillosa Tierra! | Includes index.
Identifiers: LCCN 2021043467 | ISBN 9781538276006 (set) | ISBN
   9781538276013 (library binding) | ISBN 9781538275993 (paperback) | ISBN
   9781538276020 (ebook)
Subjects: LCSH: Swamps–Juvenile literature. | Swamp ecology–Juvenile literature.
Classification: LCC GB621 .B55 2023 | DDC 577.68–dc23/eng/20211008
LC record available at https://lccn.loc.gov/2021043467

First Edition

Published in 2023 by
Gareth Stevens Publishing
29 East 21st Street
New York, NY 10010

Copyright © 2023 Gareth Stevens Publishing

Translator: Diana Osorio
Editor, Spanish: Diana Osorio
Editor, English: Kate Mikoley
Designer: Tanya Dellaccio

Photo credits: Cover Ezume Images/Shutterstock.com; p. 5 Anda Mikelsone/Shutterstock.com; p. 7 Vad-Len/Shutterstock.com; p. 9 K64End/Shuttertock.com; p. 11 red rose/Shutterstock.com; p. 13 Georgios Antonatos/Shutterstock.com; p. 15 Sasha Craig/Shutterstock.com; p. 17 alybaba/Shutterstock.com; pp. 19,21 jaimie tuchman/Shutterstock.com; p. 23 lazyllama/Shutterstock.com.

All rights reserved. No part of this book may be reproduced in any form without permission in writing from the publisher, except by a reviewer.

Printed in the United States of America

CPSIA compliance information: Batch #CSGS23: For further information contact Gareth Stevens, New York, New York at 1-800-542-2595.

Contenido

Tierra mojada 4

¿Dónde está el agua?. 12

La vida en un pantano 16

Pantanos por todos lados . . . 22

Palabras que debes aprender 24

Índice 24

Hay tierras que
siempre están mojadas.
¡Es un pantano!

A veces el agua
cubre un pantano.

El agua moja la tierra.
Se mueve lentamente.

Algunos pantanos tienen agua dulce. Otros son salados.

Los pantanos suelen estar junto a un río. Algunos están junto al mar.

Hay un gran
pantano en Luisiana.

Los pantanos tienen
muchos árboles.
Los gomeros son
un tipo de árbol.

Aquí viven
muchos animales.
Algunos son peces,
ranas y pájaros.

Aquí también
viven insectos.

21

Hay pantanos
por todas partes.
Puede que haya
uno cerca de ti.

Palabras que debes aprender

 pájaro

 tierra

Índice

animales, 18

árboles gomeros, 16

insectos, 20

Louisiana, 14